Für Alan Humm

SKORPION

Im Einklang mit den Sternen leben

STELLA ANDROMEDA

ILLUSTRIERT VON EVI O. STUDIO

GROH

I.

Alles über den Skorpion

II.

Die Welt des Skorpions

III.

Mehr Astrowissen

Einleitung

Der Giebel des antiken griechischen Apollontempels in Delphi trägt die Inschrift: „Erkenne dich selbst." Sie ist eine der 147 delphischen Maximen, nach denen man leben sollte. Von Gott Apollon selbst soll diese Aufforderung zur Selbsterkenntnis stammen, und später ergänzte sie der Philosoph Sokrates um den Satz: „Ein unerforschtes Leben ist nicht lebenswert."

Der Mensch versucht auf vielfältige Weise, sich selbst kennenzulernen und sein Leben oder die Herausforderungen seines Daseins zu meistern, oft mithilfe von Therapien oder organisierten Glaubenssystemen wie Religionen. Wir wollen auf diesem Weg vor allem die Beziehung zu uns selbst und zu anderen besser verstehen lernen und Mittel finden, die uns das ermöglichen.

Die Astrologie bietet durch ihre symbolische Verwendung der Himmelskonstellationen, also der Darstellung der Tierkreiszeichen, der Planeten und ihrer energetischen Auswirkungen einige Ansätze für das Verstehen der menschlichen Natur und der Erfahrung. Viele Menschen empfinden dieses Wissen und das Potenzial, das darin steckt, als hilfreich, um Denkanstöße für eine erfülltere Lebensweise zu gewinnen.

Was ist Astrologie?

Einfach ausgedrückt, ist Astrologie das Studium und die Deutung des Einflusses, den die Planeten aufgrund ihrer Positionen im Raum zu einem bestimmten Zeitpunkt auf uns Menschen und unsere Welt nehmen können. Die angewandte Astrologie beruht auf einer Kombination aus dem faktischen Wissen über die Besonderheiten dieser Positionen und ihrer psychologischen Interpretation.

Astrologie ist weniger ein Glaubenssystem als eine praktische Lebenshilfe, die uns alte, überlieferte Weisheiten an die Hand gibt. Jeder Mensch kann lernen, die Astrologie für sich zu nutzen – nicht so sehr zum Wahrsagen oder um die Zukunft zu deuten, sondern als Wegweiser zu größerer Einsicht und einer achtsameren Herangehensweise an das Leben. Der richtige Zeitpunkt ist das A und O in der Astrologie. Die Kenntnis der Planetenkonstellationen und ihrer Beziehung zu bestimmten Zeiten zueinander kann uns bei der Wahl des richtigen Moments für manche Lebensentscheidungen helfen.

Zu wissen, wann größere Veränderungen im Leben anstehen können – aufgrund von Planetenkonstellationen wie einem rückläufigen Saturn (siehe S. 103) oder rückläufigen Merkur (siehe S. 104) – oder was eine Venus im siebten Haus bedeutet (siehe S. 85 und 98) und wie das im Licht der spezifischen Eigenschaften des eigenen Sternzeichens zu berücksichtigen ist: Dies alles sind Werkzeuge, die du zu deinem Vorteil nutzen kannst. Wissen ist Macht und die Astrologie kann ihren Teil dazu beitragen, die Höhen und Tiefen des Lebens, aber auch unsere Beziehungen gut zu meistern.

Die zwölf Sternzeichen

Jedes Stern- oder Tierkreiszeichen hat typische Eigenschaften, die den Menschen gemeinsam sind, die in diesem Zeichen geboren wurden. Dieses Zeichen ist dein Sonnenzeichen, das du wahrscheinlich schon kennst – und der übliche Ausgangspunkt, von dem aus wir unseren astrologischen Weg erkunden. Die Eigenschaften des Sonnenzeichens können sich individuell sehr stark zeigen, doch stellen sie nur einen Teil des Ganzen dar.

Wie wir auf andere wirken, wird meist von weiteren Faktoren beeinflusst, die man ebenfalls berücksichtigen sollte. So sind das Zeichen deines Aszendenten und deine Mondstellung genauso wichtig wie dein Sonnenzeichen. Du kannst dir auch dein Gegenzeichen ansehen, um herauszufinden, was deinem Sonnenzeichen vielleicht dazu verhelfen könnte, mehr Balance zu erreichen.

Im ersten Teil dieses Buchs lernst du dein Sonnenzeichen kennen. Im zweiten Abschnitt bist du dazu eingeladen, noch tiefer einzutauchen (siehe S. 74–105) und die Einzelheiten deines Geburtshoroskops zu erforschen. Damit wirst du einen viel größeren Einblick in die zahlreichen astrologischen Einflüsse gewinnen, die sich in deinem Leben zeigen können.

Die Sonnenzeichen

Die Erde braucht 365 Tage (exakt sind es 365,25), um die Sonne zu umrunden. Dabei scheint die Sonne einen Monat lang durch jedes Tierkreiszeichen zu wandern. Dein Sonnenzeichen ist somit das Tierkreiszeichen, in dem die Sonne zum Zeitpunkt deiner Geburt stand. Wenn du dein Sonnenzeichen und die deiner Familie, Freund*innen und Partner*innen kennst, ermöglicht dir das einen guten Einblick in die Charakter- und Persönlichkeitsmerkmale, die du mithilfe der Astrologie entdecken kannst.

Im Übergang geboren

Für Menschen, die gegen Ende des einen oder zu Beginn des nächsten Sonnenzeichens geboren sind, lohnt es sich, ihre genaue Geburtszeit herauszufinden. Astrologisch gesehen gibt es eigentlich keinen Übergang zwischen den Zeichen, denn jedes davon beginnt zu einem festen Zeitpunkt an einem bestimmten Datum, auch wenn dieser von Jahr zu Jahr etwas variieren kann. Wenn du unsicher bist, was dein Sonnenzeichen ist, kannst du es über dein Geburtsdatum, deine Geburtszeit und deinen Geburtsort genau bestimmen. Mit diesen Daten kannst du einen Astrologen aufsuchen oder du lässt sie durch ein Online-Astrologieprogramm laufen (siehe S. 108), um ein möglichst genaues Geburtshoroskop zu erstellen.

Widder

Lat.: Aries

★

21. MÄRZ–20. APRIL

Astrologisch das erste Sternbild des Tierkreises, erscheint der Widder zur Frühjahrs-Tagundnachtgleiche. Kardinales Feuerzeichen; das Zeichen für Anfänge. Herrscherplanet ist Mars, der dafür steht, Herausforderungen dynamisch, energievoll und kreativ zu begegnen. Gegenzeichen: die luftige Waage.

Stier

Lat.: Taurus

★

21. APRIL–20. MAI

Fixes Erdzeichen. Geerdet, sinnlich und den körperlichen Freuden zugewandt, ist der Stier von seinem Herrscherplaneten Venus mit Anmut und einem Sinn fürs Schöne ausgestattet – trotz seiner bulligen Darstellung. Charakteristisch ist seine unbeschwerte, unkomplizierte, wenn auch manchmal sture Lebenseinstellung. Gegenzeichen: das Wasserzeichen Skorpion.

Zwillinge

Lat.: Gemini

✶

21. MAI–21. JUNI

Veränderliches Luftzeichen. Zwillinge neigen dazu, beide Seiten eines Problems zu sehen, wobei der Herrscherplanet Merkur ihren schnellen Verstand beeinflusst. Zwillinge scheuen sich häufig vor Verpflichtungen und versinnbildlichen auch eine jugendliche Haltung. Gegenzeichen: der feurige Schütze.

Krebs

Lat.: Cancer

✶

22. JUNI–22. JULI

Kardinales Wasserzeichen, dargestellt mit starken Scheren. Der Krebs gilt als gefühlsbetont und intuitiv, er schützt seine Empfindlichkeit mit seiner Schale. Sie verkörpert auch die Sicherheit des Krebs-Zuhauses, dem dieses Zeichen verpflichtet ist. Herrscherplanet ist der mütterliche Mond. Gegenzeichen: das Erdzeichen Steinbock.

Löwe

Lat.: Leo

★

23. JULI–23. AUGUST

Fixes Sonnenzeichen. Der Löwe liebt es zu glänzen. Er ist im Herzen ein Idealist, positiv und über die Maßen großzügig. Löwen-Geborene können vor Stolz brüllen und so zuversichtlich wie kompromisslos sein, mit großem Glauben und Vertrauen in die Menschheit. Herrscherplanet ist die Sonne. Gegenzeichen: der luftige Wassermann.

Jungfrau

Lat.: Virgo

★

24. AUGUST–23. SEPTEMBER

Veränderliches Erdzeichen. Die Jungfrau gilt als aufmerksam, detailorientiert und häufig selbstgenügsam. Die Jungfrau schöpft aus einem scharfen, nicht selten selbstkritischen Intellekt und ist oft sehr gesundheitsbewusst. Herrscherplanet ist Merkur. Gegenzeichen: das Wasserzeichen Fische.

Skorpion

Lat.: Scorpio

★

24. OKTOBER–22. NOVEMBER

Fixes Wasserzeichen. Entsprechend neigt der Skorpion zu intensiven Gefühlen. Sein Tierkreiszeichen verbindet ihn mit der Wiedergeburt nach dem Tod. Herrscherplaneten sind Pluto und Mars. Wegen seiner starken Spiritualität und tiefen Emotionen braucht der Skorpion Sicherheit, um seine Kraft leben zu können. Gegenzeichen: das Erdzeichen Stier.

Waage

Lat.: Libra

★

24. SEPTEMBER–23. OKTOBER

Kardinales Luftzeichen mit Herrscherplanet Venus. Hier dreht sich alles um Schönheit, Gleichgewicht (dargestellt durch die Waage) und Harmonie in einer eher romantischen, idealen Welt. Mit ihrem Sinn für Ästhetik können Waagen sowohl künstlerisch als auch handwerklich sein. Sie schätzen außerdem Fairness und sind oft sehr diplomatisch. Gegenzeichen: der feurige Widder.

Schütze

Lat.: Sagittarius

✶

23. NOVEMBER–21. DEZEMBER

Veränderliches Feuerzeichen, bei dem sich geistig wie körperlich alles um Reisen und Abenteuer dreht. Schützen haben eine direkte Herangehensweise, sind optimistisch und stecken voller Ideen. Sie lieben es, freien Lauf zu haben, neigen aber zu Verallgemeinerungen. Herrscherplanet ist der gutwillige Jupiter. Gegenzeichen: die luftigen Zwillinge.

Steinbock

Lat.: Capricornus

✶

22. DEZEMBER–20. JANUAR

Kardinales Erdzeichen mit Herrscherplanet Saturn. Der Steinbock gilt als harter Arbeiter und wird von der trittsicheren wie verspielten Ziegenart dargestellt. Er ist vertrauenswürdig und scheut sich nicht vor Verantwortung. Oft sind Steinböcke sehr genügsam und haben die Disziplin für selbstständige Berufe. Gegenzeichen: das Wasserzeichen Krebs.

Wassermann

Lat.: Aquarius

✶

21. JANUAR–19. FEBRUAR

Trotz seiner Darstellung als Wassermann ein fixes Luftzeichen. Es wird beherrscht vom unberechenbaren Uranus, der alte Ideen mit innovativem Denken vom Tisch kehrt. Der Wassermann ist tolerant und weltoffen. Ganz auf Menschlichkeit bedacht, hat er soziale, gewissensgeleitete Ideale. Gegenzeichen: der feurige Löwe.

Fische

Lat.: Pisces

✶

20. FEBRUAR–20. MÄRZ

Veränderliches Wasserzeichen, das stark auf seine Umgebung reagiert. Dargestellt durch zwei Fische, die, in entgegengesetzte Richtungen schwimmend, manchmal Fantasie und Realität verwechseln. Von Neptun beherrscht, ist die Welt der Fische fließend, fantasievoll und empathisch. Fische nehmen oft die Stimmungen anderer auf. Gegenzeichen: das Erdzeichen Jungfrau.

Alles über den I.

Skorpion

Das Zeichen, in dem die Sonne zum Zeitpunkt deiner Geburt stand, ist der ultimative Ausgangspunkt, um deinen Charakter und deine Persönlichkeit durch den Tierkreis zu erforschen.

DEIN SONNENZEICHEN

Fixes Wasserzeichen, dargestellt durch den Skorpion.

Durch seinen Herrscherplaneten Pluto, den alten Gott der Unterwelt, hat der Skorpion eine kraftvolle Verbindung zum Lebenszyklus.

GEGENZEICHEN

Stier

LEBENSMOTTO

„Ich begehre."

I.

Glücksfarbe

Dunkelrot-, Purpur- und Burgundertöne sind reich an leidenschaftlicher Energie, die zwar oft verborgen liegt, aber vom Skorpion gelebt werden will. Trage diese Farben, wenn du dich psychisch stärken willst und eine Portion Mut brauchst. Wenn du nicht in kräftigen Farben auffallen willst, kannst du Accessoires in dunkleren oder helleren Tönen wählen – Schuhe, Handschuhe, Socken, Hüte oder sogar Unterwäsche.

II.

Glückstag

Dienstag. Er ist der Tag des Mars, des Gottes des Krieges, was man am Französischen Wort für Dienstag, *mardi*, besser erkennt. Obwohl er von Pluto beherrscht wird, assoziiert man den Skorpion auch mit diesem kraftvollen Planeten Mars und mit dessen Tag.

III.

Glücksedelstein

Der Topas in all seinen Farben. Er strahlt spirituelle Energie aus und soll heilend und regenerierend wirken. Im Topas klingen auch die Eigenschaften an, die mit dem intensiven, manchmal heimlichen Seelenleben des Skorpions in Verbindung stehen.

IV.

Orte

Das geheimnisvolle Korea und Marokko, mit seiner uralten Weisheit, sowie das faszinierend schöne Norwegen sind Skorpion-Orte, ebenso wie auch Finnland, die Provinz Transvaal in Südafrika und Bayern. Als astrologisch günstig für den Skorpion gelten unter anderem die Städte New Orleans, Liverpool, Dubrovnik und Washington D. C.

V.

Ferien

Skorpione lieben es, die Unterwelt zu erforschen und dabei aufzutanken. Das kann beim Tiefseetauchen auf den Seychellen sein oder im Floating-Becken eines skandinavischen Luxus-Wellnesstempels. Die archäologischen Mysterien des alten Ägyptens oder ein abgeschiedener, buddhistischer Meditations- oder Yoga-Retreat in Goa könnte ihrer mystischen Seite auch gefallen.

VI.

Blumen

Die Chrysantheme ist die Blume der Skorpione. Sie blüht im August und wird oft mit Erneuerung und der kraftvollen Wiedergeburt des Frühlings assoziiert, die auf Herbst und Winter folgt. Ihre dunklen oder leuchtend gelben Blüten sind beeindruckend langlebig.

VII.

Bäume

Der Schlehdorn mit seinen spitzen Dornen ist eine Pflanze, die einen Stachel in sich trägt und so den Skorpion widerspiegelt. Er gehört zur Familie der Rosengewächse. Seine cremeweißen Blüten bilden die kleinen, dunkelblauen und herben Schlehen, beliebt für Schlehenlikör.

VIII.

Haustiere

Skorpione mögen die bedingungslose Treue von Hunden. Insbesondere von solchen, die besitzergreifend über sie wachen und scheinbar ihre Gedanken lesen, sodass sie passend zur Situation entweder Aktivität fordern oder sich still neben ihnen ausstrecken.

IX.

Feste

Ein geheimer Ort, rätselhafte Kulissen, ein dunkler, sexy Kellerclub: All dies erfüllt die Skorpion-Vorstellung dessen, was eine gute Party ausmacht. Auch Masken, die die Identität verbergen und Fantasien ermöglichen, könnten passen. Cocktails, die der Skorpion liebt, haben oft einen überraschenden Reiz oder eine scharfe Note, wie zum Beispiel ein Mezcal Negroni mit rauchigem Agavenaroma.

Die Eigenschaften des Skorpions

Das Sprichwort „Stille Wasser sind tief" gibt oft einen guten ersten Eindruck von einem Skorpion, denn was man bei diesem Wasserzeichen sieht, ist nicht unbedingt das, was man bekommt. Meist verbirgt sich unter der scheinbar ruhigen Oberfläche eine ganze Menge – kein Wunder, dass Skorpione geheimnisvoll wirken. Selbst wenn sie Gefühle zeigen, wohnt in ihnen auch große innere Ruhe, verbunden mit ihrer emotionalen Tiefe, aus der sie ihre Stabilität beziehen. Skorpione gelten als eines der machtvollsten (und gelegentlich schwierigen) Sonnenzeichen: Sie sind echte Pokerspieler*innen, bei denen sich im Inneren immens viel tut, das für Außenstehende nicht offensichtlich ist. Sie müssen gelegentlich allein sein, um diese innere Aktivität zu verarbeiten, was ihnen den Ruf einbringen kann, launisch zu sein. Was in ihren Köpfen vorgeht, ist für sie genauso real wie alles andere, doch manchmal nur schwer vermittelbar. Dies macht sie oft noch intensiver. All die Vorstellungskraft braucht jedoch ein Ventil und kluge Skorpione haben gelernt, damit ihre persönliche Kreativität zu beflügeln.

Mit dem Skorpion kommt man nicht weit, ohne daran erinnert zu werden (wahrscheinlich von ihm selbst), dass dieses Zeichen über die Genitalien herrscht. Es verbindet die Kraft sexueller Anziehung mit der Lebenskraft und Erneuerung, die aus der Zeugung entspringt. Die Lebenskraft im Skorpion wirkt auf körperlicher wie auf geistiger Ebene. Für sie geht es beim Sex oft ebenso um Kommunikation und Heilung wie um Vergnügen. Ihr Ruf, starke Anziehungskraft zu besitzen (sexuell oder anderweitig), beruht auf ihrer starken Intuition und darauf, dass sie die Stimmungen anderer einschätzen können, da ihnen die Intensität ihrer eigenen so vertraut ist.

Eine weitere komplexe Skorpion-Facette ist sein Idealismus. Er glaubt tatsächlich an das Beste und kann dem Leben sehr positiv gegenüberstehen. Auch dies rührt von einem Sinn für Regeneration her: Alles kann verbessert oder neu erschaffen werden, so unmöglich es erscheinen mag. Hinter diesem Idealismus steht eine Glaubensintensität, die andere nur selten erreichen. Das kann den Skorpion, manchmal unerwartet, zu einem der liebevollsten, treuesten und sogar sanftesten Zeichen machen. Und so sehr er durch sexuelle Beziehungen gedeiht, so wichtig und oft genauso intensiv sind für ihn Freundschaften.

DIE WOGEN GLÄTTEN

Die charakteristischen Eigenschaften jedes Sonnenzeichens lassen sich durch die Qualitäten anderer Zeichen im gleichen Geburtshoroskop ausgleichen (oder manchmal verstärken), insbesondere durch die seines Aszendenten und Mondes. Wenn also jemand seinem Sonnenzeichen nicht zu entsprechen scheint, ist das der Grund dafür. Allerdings werden die ursprünglichen Skorpion-Aspekte immer als wichtiger Einfluss vorhanden sein und die Lebenseinstellung von Skorpion-Geborenen beeinflussen.

Körper und Gesundheit

Skorpione umgibt eine intensive körperliche Energie, die sich oft sofort in der Art und Weise zeigt, wie sie sich bewegen: entschlossen und bestimmt. Ihre Körper deuten auf Stärke hin, selbst bei leichtem Körperbau. Meist sind sie eher schlank als fest gebaut. Anders jedoch als ihr wasserliebender Krustentier-Kollege Krebs, der von der Seite kommt, bewegen sich Skorpione meist ohne Umwege und schnell voran, direkt von A nach B. Selbst wenn sie sich still verhalten, was Skorpione meisterlich können, nehmen sie die Geschehnisse in der Welt um sie herum wachsam und konzentriert auf. Dem Skorpion entgeht nicht viel.

Gesundheit

Da der Skorpion über die Geschlechts- und Fortpflanzungsorgane herrscht, kann dies unweigerlich auch ein Schwachpunkt sein. Seine Lebenskraft, seine Energie im Allgemeinen, kann aber auch auf andere Weise beeinträchtigt werden. Der Skorpion ist ein Zeichen, das dazu neigt, sich zu überfordern. Er gibt alles, tut zu viel und bricht dann vor Erschöpfung zusammen, bevor er sich erholt und seine Energiereserven wieder auffüllt. Mit der Zeit lernen Skorpione aber, sich nicht immer zu übernehmen. Dieser Hang zum Übertreiben kann sich auf die mentale Gesundheit auswirken, bei der Erschöpfung ihren Tribut fordern kann. Die Intensität, mit der sie leben, kann im Burn-out münden. Es ist für sie daher wichtig zu lernen, wann sie sich gelegentlich zurückziehen müssen, um zu regenerieren.

Sport und Bewegung

Bewegung am und im Wasser gefällt Skorpionen. Oft empfinden sie Schwimmen nicht nur als meditativ, sondern auch als stärkend für Körper und Geist. Skorpionen ist es wichtig, dass jegliche Bewegung oder Sportart Körper und Geist ins Gleichgewicht bringt, wie regelmäßiges Yoga oder Tai-Chi. Muskelaufbau interessiert sie nicht sehr, Ausdauertraining jedoch schon, um ihre Energie zu stärken und zu schützen.

So kommuniziert der Skorpion

Skorpione machen nicht gern Small Talk. Über das Wetter zu reden, langweilt sie, und sie würden am liebsten gleich zum Kern von „Wie geht es dir?“ kommen – was sie auch von dir erwarten. Daraus ergeben sich oft intensive Unterhaltungen, wobei Skorpione provozieren können, um einen interessanteren Austausch zu entfachen. Oft lassen sie sich jedoch selbst nicht in die Karten sehen und ihre Gegenüber Dinge ausplaudern, ohne dass diese es merken. Skorpione sind wirklich an dem interessiert, was den anderen interessiert, und hören zu. Sie denken ernsthaft über das Gesagte nach und geben passende (und manchmal unkonventionelle) Antworten. Wie bei Vertrauenspersonen üblich, kann ihre Einschätzung einer Situation überraschen, ist aber selten vorschnell dahingesagt. Daraus erwachsen oft nächtelange, faszinierende Gespräche, bei denen intensiv über große Fragen diskutiert wird.

Berufe für den Skorpion

Skorpione fühlen sich meist zu Tätigkeiten hingezogen, die Geist, Körper und Seele herausfordern, denn für sie ist dies alles miteinander verbunden. Macht fasziniert sie zwar, doch sind sie eher die „Akteure im Hintergrund“ – politische Ratgeber*innen oder Analytiker*innen, nicht der*die Kanzler*in. Solange sie nicht gelangweilt werden, ist das in Ordnung für sie. Angesichts ihrer Geistesbezogenheit neigen sie Bereichen wie Psychologie und Ablegern davon zu, oft in Richtung der Psychoanalyse, wo sie mit dem tief verborgenen Unbewussten in Kontakt treten. Dies können sie auch in Berufen wie zum Beispiel einer*s Sexualtherapeut*in suchen.

Intensiv nachzuforschen und Dinge herauszufinden, ist typisch für Skorpione. Das macht die Forschung sehr attraktiv für sie – wissenschaftlich oder detektivisch – und den Journalismus, bei dem es darum geht, Fragen zu stellen und die Hintergründe von Storys aufzudecken. Wegen seiner pragmatischen Sicht auf die Themen Leben und Tod ist zudem die Medizin für den Skorpion interessant, eventuell als Fertilitätsspezialist*in oder Geburtshelfer*in, aber auch Heiltätigkeiten im alternativen Therapiebereich passen zu ihm.

So tickt der Skorpion

Von Liebhaber*innen bis zu Freund*innen: Wie kommt der Skorpion mit anderen Sternzeichen zurecht? Das Wissen um andere Zeichen und deren Zusammenspiel kann in der Beziehungsarbeit hilfreich sein, indem es Eigenschaften der Sonnenzeichen offenbart, die miteinander harmonieren oder sich reiben können. Dies durch die astrologische Lupe zu sehen, entpersonalisiert oft potenzielle Reibungspunkte und kann dem, was scheinbar kontrovers läuft, den Stachel nehmen. Beim Skorpion geht es um Gefühle, noch dazu um sehr intensive. Das macht es weder für ihn noch für seine*n Lebens- und Liebespartner*in leicht. Skorpione müssen sich gebraucht fühlen und fühlen sich wohl, wenn Geben und Nehmen ein wichtige Rolle spielen. Allerdings ist es schier nicht möglich, ständig auf emotionalem Vollgas zu leben. Wenn der Skorpion in seinen Beziehungen reift, kann er lernen, dies anzuerkennen und auch Menschen zu vertrauen, die weniger intensiv veranlagt sind.

Die Skorpion-Frau

Emotional und fordernd wie sie ist, übersieht man häufig, wie treu und liebevoll die Skorpion-Frau sein kann. Doch ist sie auch besitzergreifend, vergibt kaum und vergisst ebenso selten. Sie ist keine Frau, die eine kurze Affäre sucht und ihre Zeit damit vergeudet. So funktioniert sie nicht. Ihre Anziehungskraft liegt oft in ihren Augen, die fast durchdringend wirken.

BERÜHMTE SKORPION-FRAUEN

Erinnerst du dich an Julia Roberts in *Pretty Woman*? Die Skorpion-Frau in Person. Das sind auch die US-Politikerin Hillary Clinton, die grandios zu ihrem Mann Bill stand, sowie die Dichterin Sylvia Plath, deren Intensität bleibende Werke hervorbrachte (und die Heirat mit ihrem Dichterkollegen Ted Hughes). Kendall Jenner, Emma Stone und Katy Perry gehören ebenfalls zu den typischen Skorpion-Frauen.

Der Skorpion-Mann

Der Skorpion-Mann ist sinnlich, aber oft unsicher und kompliziert im Zusammenleben. Häufig dominiert er den Raum, selbst wenn er nichts sagt. Er ist natürlich neugierig und schenkt dem Objekt seiner Zuneigung seine ganze Aufmerksamkeit – was er umgekehrt auch erwartet. Angreifbar ist sein sensibles Herz; in der Liebe kennt er nur alles oder nichts. Dazu hasst er Unklarheit: Lass dich also nur mit ihm ein, wenn du es ernst meinst.

BERÜHMTE SKORPION-MÄNNER

Der Schauspieler Adam Driver hat das grüblerische Skorpion-Auftreten, genau wie Leonardo di Caprio und Ryan Gosling. Sowohl Bill Gates wie Pablo Picasso zeigen obsessive Hingabe für ihre Passion und auch die beständige Liebe von Prinz Charles für Camilla entspricht einem Skorpion-Charakterzug.

Wer lieb

wen?

Skorpion & Widder

Hier sprühen sexuelle Funken und vieles hält dieses Feuer in Gang. Insgesamt nervt den offenherzigen, freigeistigen Widder aber die gefühlsbetontere, unergründliche Seite des Skorpions. Dem tiefgründigeren Wasserzeichen mag der Widder wiederum etwas oberflächlich erscheinen.

Skorpion & Stier

Sie teilen Dickköpfigkeit und Eifersucht, was Probleme bereiten könnte. Das wäre schade, weil der Skorpion die lebensnahe Begierde und sexuelle Ausdauer des Stiers liebt und der Stier die tiefe emotionale Verbindung genießt.

Skorpion & Zwillinge

Der flatterhafte Zug der Zwillinge passt nicht zum Skorpion-Bedürfnis nach totaler Hingabe. Diese Bedrohung seiner emotionalen Sicherheit könnte die anfängliche Anziehung überlagern, die die geselligeren Zwillinge auf den Skorpion ausüben.

Skorpion & Krebs

Das Bedürfnis nach Zuneigung und Hingabe des Skorpions passt gut zum Sicherheitsbedürfnis des Krebses und dessen eher passive Art reagiert positiv auf das Besitzergreifende und den leidenschaftlichen Feuereifer des Skorpions – eine wirklich passende Kombination.

Skorpion & Löwe

Die körperliche Anziehung ist groß, doch passen die Extravaganz und das Bedürfnis nach romantischen Gesten nicht zum Verlangen nach tiefer erotischer Verbindung des Skorpions. Ein potenzieller, eventuell unüberwindbarer Konflikt zwischen zwei getriebenen Zeichen.

Skorpion & Jungfrau

Tiefe Gefühle und eine natürliche Neigung zur Hingabe bei beiden schafft Bande, auf denen eine gute Beziehung aufgebaut werden kann – solange die Jungfrau nicht versucht, die intellektuelle oder sinnliche Seite der Skorpion-Persönlichkeit einzuengen.

Skorpion & Skorpion

Wenn diese Paarung nicht erkennt, dass es ihre Ähnlichkeiten sind, die von Anfang an Probleme machen, wird das die Beziehung trotz der sexuellen Kompatibilität schließlich abtöten – mit einer Dissonanz an Stimmungen, Geheimnissen und Besitzdenken.

Skorpion & Waage

Diese Kombination könnte knifflig sein: Die Waage ist zwar an der intellektuellen und sexuellen Intensität des Skorpions interessiert, doch ist dessen starkes Bedürfnis nach Bindung für sie nicht leicht zu befriedigen. Sie empfindet ihn als zu eifersüchtig und fordernd.

Skorpion & Schütze

Die ungezwungene, spaßliebende Art der Schützen zieht den Skorpion an, macht ihm dann aber zu schaffen, wenn sein Sicherheitsbedürfnis nicht erfüllt wird, weil der Schütze ständig auf Reisen ist und geistig wie körperlich neue Abenteuer sucht.

Skorpion & Wassermann

Die tiefen, emotionalen Skorpion-Ansprüche reiben sich mit der lockeren Wassermann-Art in Liebes- (und Sex-)dingen. Dem Skorpion liegt diese intellektuelle Luftigkeit nicht. Sie verunsichert ihn meist so stark, dass er mehr als eine kurze Affäre nicht erträgt.

Skorpion & Fische

Zwischen der starken, aber ruhigen Skorpion-Natur und der relativ unentschlossenen Lebensweise der Fische herrscht ein schönes Gleichgewicht. Ihre sexuelle Anziehung ist fantasievoll und Romantik und ihr Hang zu tiefen Empfindungen geben beiden Sicherheit.

Skorpion & Steinbock

Beide Zeichen bemühen sich ernsthaft, emotional ein Team zu bilden. Beide haben fast das gleiche Sicherheitsbedürfnis und die leidenschaftliche Intensität des Skorpions balanciert die grüblerische Herangehensweise des Steinbocks an Sex aus: ein kompatibles Paar.

Love-o-meter für den Skorpion

Perfekter Treffer:
chütze
Stier
Jungfrau
Krebs
Steinbock
Fische

Die Welt des

II.

Skorpions

Dieser Abschnitt führt dich tiefer in die Welt deines Sonnenzeichens. Du erfährst, wie es dich antreiben oder zurückhalten kann, und du kannst anfangen, darüber nachzudenken, wie du dieses Wissen für dich nutzen möchtest.

So wohnt der Skorpion

Von Zeit zu Zeit will sich der Skorpion tief in Häuslichkeit vergraben, was sich in seinem Heim mit einem höhlenartigen Interieur in Karminrot, Terrakotta oder dunklen Rosatönen widerspiegeln kann, mit Samtmöbeln und einer Ausstrahlung intensiver Abgeschiedenheit, in der er auftanken kann. Insbesondere das Schlafzimmer wirkt oft wie ein Zufluchtsort oder sogar ein heilender Ort, voller Dinge der Begierde, opulent und luxuriös: ein großes Bett mit schönem Bezug, persische Teppiche, interessante Bilder an der Wand. Skandinavische Askese ist nichts für Skorpione. Oft erstreckt sich das auch auf das Badezimmer, ein potenziell ritueller Ort, an dem sich das Wasserzeichen bei Kerzenlicht und mit Badeölen mit seinem Innenleben verbindet.

Eifersüchtig wie sie auf ihre Privatsphäre bedacht sind, laden Skorpione nicht leichtfertig zu sich ein, da ihr Zuhause ihre heimliche Seite repräsentiert. Vielleicht gibt es hier sogar ein Separee, ein Studio oder eine Werkstatt im Keller. Hauspartys interessieren den Skorpion nicht sehr. Wenn er sich zu Hause trifft, dann für intensive Gespräche mit wenigen Auserwählten oder sogar nur zu zweit.

TIPPS FÜR DIE SKORPION-SELBSTFÜRSORGE

- Emotionale Auszeit ist wichtig, um aufzutanken und zu regenerieren. Kalkuliere sie also ein.
- Sinnliche manuelle Therapien können es erleichtern, Körper und Geist zu verbinden.
- Setze Grenzen. All das Aufnehmen der Energie anderer kann deine eigene Energie aufzehren.

Selbstfürsorge

Angesichts all dessen, was in seinem Kopf vor sich geht, muss der Skorpion daran denken, gelegentlich Körper und Geist wieder in Verbindung zu bringen. Sein intensives Denken führt dazu, dass er sich manchmal körperlich vernachlässigt. Dies kann selbstzerstörend wirken und die Art von Stress fördern, die zu Angst und Depressionen führt. Mit einem Hang zur Intensität besteht jedoch auch die Tendenz, bei der Selbstfürsorge etwas zu zwanghaft zu werden, was sich in Richtung Unbarmherzigkeit entwickeln kann. Sie soll dein Wohlbefinden steigern und Stress abbauen, nicht erhöhen, Skorpion! Abwechslung kann helfen: an einem Tag leichtes Wandern, am nächsten Spinning. Mannschaftsport ist oft schwierig, da der Skorpion Gesellschaft beim Sport nicht sehr schätzt. Tennis-Einzelmatches könnten ihm daher liegen.

Regelmäßige Mahlzeiten und Vollwertkost, frisches Obst und Gemüse anstatt nur Snacks unterstützen den Skorpion, indem sie seinen Geist und Blutzuckerspiegel sowie seine nervöse Energie in Balance halten. Manuelle Therapien sind gut für die meisten Skorpione, insbesondere sinnliche Massagen. Sie fördern die Art der Tiefenentspannung, die ihnen oft schwerfällt. Manchmal schlafen Skorpione schlecht, wenn ihr Geist um drei Uhr morgens auf Hochtouren arbeitet, woran sie ebenfalls etwas ändern sollten.

DIE SKORPION-SPEISEKAMMER

- Grundnahrungsmittel wie Pasta, Tomatenbüchsen etc. kommen meist nicht ungelegen.
- Miso-Suppe für die schnelle, hocharomatische Zwischenmahlzeit.
- Sahnemeerrettich, um einfache Rind- oder Lachsgerichte aufzupeppen.

Kochen und Essen

Dem Skorpion dienen die täglichen Mahlzeiten eher zum Lebenserhalt und Energietanken als zum Genuss. Es interessiert ihn nicht, rein für das kulinarische Vergnügen in der Küche zu stehen. Skorpione kochen daher häufig sehr simpel und mit Zutaten aus schlecht gefüllten Kühlschränken – außer, wenn sie jemanden verführen wollen. Dann kann es passieren, dass sie ihre Verwandlungskünste einsetzen, um aus einem Hühnereintopf einen köstlichen Coq au Vin zu zaubern. In diesem Fall geht es beim Kochen und Essen nur noch um dessen sinnliche Qualitäten und um intensive Aromen. Doch generell ist der Skorpion nicht das klassische Köche-Sternzeichen. Und auch wenn er auf dem Verführungstrip ist, kann er es sich einfach machen und zum Beispiel nur die schönsten Feigen, reifen Camembert und den besten Serranoschinken auftischen, um seinen Ruf in der Küche zu verbessern, anstatt durch Leistung oder Technik zu brillieren.

TIPPS FÜR DEN UMGANG MIT GELD

- Sparsamkeit sollte dich nicht dein Vergnügen kosten: Lege auch hierfür Geld beiseite.
- Geheime Offshore-Investitionen sind eine Sache, doch legal sollten sie sein.
- Folge deinem Instinkt, da sich die Skorpion-Intuition auszahlen könnte.

Skorpione und das liebe Geld

Skorpione sind in Gelddingen ziemlich geschickt und verstecken für schlechte Zeiten Reserven auf einem Geheimkonto. Geld ist für sie wichtig, da es Selbstwert und Respekt symbolisiert und nicht so sehr Kaufkraft. Dazu kann es die nötigen Mittel liefern, um Situationen zu wandeln – worum es dem Skorpion vor allem geht. Die Skorpion-Tendenz, Unterströmungen zu spüren und die Einflüsse zu beobachten, die auf die Märkte wirken, macht seine Investitionen und Spekulationen selten zu risikoreich.

Im Arbeitsalltag ist der Skorpion durch seine wetteifernde Seite sehr geschickt und hat ein Auge auf ein gutes Gehalt und Bonusprogramme. Auch bei Erbschaften, Nachlässen und unverhofften Zuwendungen aus anderer Leute Ableben haben Skorpione oft Glück. Sparen liegt ihnen natürlicherweise, obwohl sie keine Pfennigfuchser sind und gelegentlich sehr gern Geld für etwas ausgeben, was sie sich wünschen: wie den Urlaub ihres Lebens oder eine Rolex-Uhr, obwohl sie Luxus um seiner selbst willen nicht besonders schätzen.

Der Skorpion und seine Vorgesetzten

Dem Skorpion fällt es so leicht, sich nicht in die Karten schauen zu lassen, dass er im Büro oft Vertrauensperson ist, auch die der Vorgesetzten. Ihm vertraut man sich an und der Skorpion behandelt das so diskret, dass er nie als Klatschmaul angesehen wird. Dieser Trumpf ist ziemlich mächtig, solange er nicht ausgespielt wird. Kluge Skorpione halten verlässlich still, was die Vorgesetzten in der Regel honorieren. Das Einzige, das sich etwas bedrohlich anfühlen könnte, ist der potenzielle Stachel im Schwanz: Ist der Skorpion auf den Chefstuhl scharf? Vielleicht – aber nur, wenn es strategisch von Vorteil ist, denn viele Skorpione stehen lieber als Macht hinter dem Thron, anstatt darauf zu sitzen und den Kopf selbst hinzuhalten.

Aufgrund seiner Loyalität kann der Skorpion jemand sein, auf den die Vorgesetzten bauen können, jedoch nur so lange, wie sein Interesse gewahrt ist. Damit der Skorpion das bekommt, was er sich im Job erhofft, muss er mit den Erwartungen der Vorgesetzten zurechtkommen. Er sollte sie aber auch wissen lassen, was er braucht, um zu liefern. Und da eines seiner Talente die Transformation ist, kann er genau das nutzen, um harte Arbeit in materiellen Erfolg umzusetzen, der den Profit eines Unternehmens verbessert. Dies bringt ihm die Anerkennung, die ihm zum Aufstieg verhilft.

TIPPS FÜR DEN UMGANG MIT VORGESETZTEN

- Tratsche nie, damit der*die Vorgesetzte weiß, dass man dem Skorpion vertrauen kann.
- Sei die Macht hinter dem Thron, aber nutze das nicht aus.
- Denke daran, dass der Stachel im Schwanz des Skorpions ein letzter Ausweg, nicht Plan A ist.

TIPPS FÜR EIN LEICHTERES LEBEN

- Gehe nicht davon aus, dass jede*r deine Stimmung vorhersagen kann: Teile dich mit!
- Leite für glückliche Zeiten Energie in deine sanfte, loyale und sonnige Seite.
- Denke daran, dass nicht alles perfekt sein muss: Zerbrich dir nicht den Kopf über Kleinigkeiten.

Wie lebt es sich mit dem Skorpion?

Skorpione sehen oft über die Marotten ihrer Wohn- oder Lebenspartner*innen hinweg, da sie neugierig auf die Beweggründe dafür sind und sie berücksichtigen wollen. Wenn dieser Zug nicht ausgenutzt wird, sind sie meist aufgeschlossene, unkomplizierte Mitbewohner*innen. Wenn doch, könnte ihr Stachel allerdings tödlich sein.

Es ist auch wahr, dass der Skorpion zwar keine Dummheit duldet, aber selbst seine Meinung häufig nicht sagt und sich unangenehmen Situationen einfach entzieht. Er kann daher als launisch gelten, doch wenn er keine Lust hat, weiter zu diskutieren oder sich sozial zu engagieren, tut er das auch nicht. Er ist nicht beleidigt, sondern muss innerlich auftanken, da ihn zu viele Anforderungen auslaugen können. Eine Auszeit ist oft die Weise, in der Skorpione regenerieren, und das sollte man nicht persönlich nehmen.

Diese komplexe Mischung aus dem Bedürfnis häufiger intensiver Zwiesprache und dem Bedürfnis nach Privatsphäre kann für Menschen, die mit Skorpionen leben, verwirrend sein. Sie müssen daher berücksichtigen, dass andere ihre Gefühle nicht immer richtig einschätzen können und manche Situationen daher verkennen.

Skorpione und Trennungen

Die Kehrseite seines Hangs dazu, sich möglichst intensiv zu verbinden, sowie sein tendenzielles Besitzergreifen können dem Skorpion Trennungen äußerst schwer machen. Es sieht zwar nicht so aus, doch dauert es lang, bevor ein Skorpion Vertrauen aufbaut, und wenn es enttäuscht wird, ist es immer mit Schmerzen für ihn verbunden. Skorpione sind fixe Zeichen, was es ihnen nicht leicht macht, Veränderungen zu akzeptieren. Etwas muss wirklich tot sein, bevor sie es gehen lassen. Oft starten sie mehrere Versuche, eine Beziehung wiederzubeleben, bevor sie schließlich loslassen, was die Qual verlängern kann.

TIPPS FÜR EINE LEICHTERE TRENNUNG

- Lass die Beziehung los, wenn sie eindeutig vorbei ist.
- Man kann Liebespartnerschaften in Freundschaften verwandeln, aber das dauert.
- Lenke dich ab, bis es dir besser geht, was bald passieren wird.

So will der Skorpion geliebt werden

Skorpione wollen mit Haut und Haar, leidenschaftlich, emotional und körperlich geliebt werden – das ist alles! Wenn das sehr anspruchsvoll klingt, liegt es daran, dass sie das intensivste Sternzeichen sind. Für eine Beziehung, von der sie hoffen, dass sie sie auf jeder Ebene unterstützen wird, sind Skorpione bereit, alles zu geben. Die körperliche Seite der Liebe ist im Skorpion-Profil zwar sehr prominent, zumal dieses Zeichen über die Genitalien herrscht, doch ist es mehr als das. Dem Skorpion ist die emotionale Seite genauso wichtig, wenn nicht noch wichtiger. Sie ist auch immer ein Anzeichen ihrer Hingabe, die sie gleichermaßen zurückerwarten.

Wegen ihrer unergründlichen Seite ist davon jedoch nichts unbedingt offensichtlich. Dank ihres Herrschers Pluto, dem Gott der Unterwelt, können Skorpione oft nur schwer vermitteln, wie sie geliebt werden wollen. Das macht sie verletzlich und bisweilen unnötig defensiv. Das Objekt ihrer Begierde hat vielleicht keine Ahnung von ihren Gefühlen, bis sie sich plötzlich offenbaren und erklären. Dann möchte der Skorpion eine sofortige Erwiderung, auf die er sein Vertrauen stützen kann. Das kann kompliziert werden, da jemand, der in Liebesdingen eventuell zurückhaltender ist, Zeit braucht, um mit ihm gleichzuziehen und sich ebenso verliebt zu fühlen. Aus Vernunftgründen sollten Skorpione dies bedenken. Sonst fühlen sie Zurückweisung, wo es keine gibt, nur weil ihr*e Partner*in kein unmittelbares Engagement zeigt.

Skorpione zu lieben, kann immens belohnen, doch ihr fortwährendes Bedürfnis nach emotionaler Rückversicherung ist manchmal schwer zu verstehen. Da für sie alles so tiefgründig und bedeutungsvoll ist, steht es für sie auch ständig neu in Frage. Und selbst wenn die Antwort immer ein „Ja, ich liebe dich" ist, muss die Frage gestellt werden. Der Skorpion braucht Zeit, bis sich bei ihm Vertrauen einstellt. Für seine Partner*innen kann sich das anfühlen, als ob ihre Liebe angezweifelt würde. Vielleicht wird sie das auch. Doch wenn der Skorpion sich einmal geliebt fühlt und spürt, dass seine Hingabe, Zuneigung und Treue erwidert werden, kann er sich glücklicherweise entspannen.

Skorpione nutzen körperliche Liebe, um zu vermitteln, was sich manchmal schlecht mit Worten ausdrücken lässt, und erwarten oft, dass dies voll erwidert wird. Auf diese Weise, denken sie, manifestiert sich Liebe. Skorpione zu lieben, bedeutet ein regelmäßiges, ausdrucksstarkes Liebesleben, bei dem die Körper eine fast übersinnliche Verbindung herstellen.

TIPPS FÜR DIE LIEBE ZUM SKORPION

- Zeig deine Liebe in Taten und Worten, da der Skorpion sie selten für gegeben hält.
- Sei bereit, jedes Gefühl zu teilen; Skorpione geben sich nicht mit weniger zufrieden.
- Fordere ihre besitzergreifende Seite nicht heraus – das könnte nach hinten losgehen.

Skorpione und Sexualität

Mit dem Skorpion kannst du die geheimsten Liebesdinge erkunden, doch sollte man auch daran denken, dass es für ihn beim Sex nicht bzw. nicht sehr oft nur um das Körperliche geht. Meist hat Sex für Skorpione einen starken spirituellen Aspekt. Seine transformative Kraft, Beziehungen zu verändern oder zu sichern, bedeutet, dass One-Night-Stands für sie nicht sehr interessant sind. Sex sollte für sie meist innerhalb der Beziehung stattfinden, zu der sie (nicht ihr*e Partner*in) sich bereits erklärt haben.

Wenn es dann so weit ist, können sie wie kaum ein anderes Zeichen intensiv und leidenschaftlich sein, aber auch spielerisch neugierig und bereit, die Wünsche des Partners oder der Partnerin genauso wie ihre eigenen zu erforschen. Jedoch sind sie nicht das Sternzeichen für ein geradliniges Vorspiel; es ist eher ein geheimnisvoller Tanz, der sich lang vor dem eigentlichen Geschlechtsakt abspielen muss. Tatsächlich scheinen die unergründlichen Skorpione zumindest anfangs im Bett mehr zu geben als zu nehmen, doch steigern sie so auch das Engagement des Partners oder der Partnerin. Lange, intensive Blicke, unzählige Küsse und Liebkosungen: Skorpione genießen jeden sinnlichen Moment.

III.
Mehr

Astro-wissen

Dein Sonnenzeichen zeigt dir nie das ganze Bild. In diesem Abschnitt erfährst du, wie du weitere Details deines Geburtshoroskops lesen kannst. Damit öffnest du astrologisch neue Fenster.

Dein Geburts-horoskop

Dein Geburtshoroskop ist ein Schnappschuss eines Moments an einem bestimmten Ort zum genauen Zeitpunkt deiner Geburt. Es gilt demnach nur für dich und ist völlig einzigartig. Es ist wie eine Blaupause, eine Landkarte oder eine Aussage über Begebenheiten, die mögliche Charakterzüge und Einflüsse abbilden – aber es ist nicht dein Schicksal. Dein Geburtshoroskop ist nur ein symbolisches Instrument, auf das du dich beziehen kannst, basierend auf den Planetenkonstellationen bei deiner Geburt. Wer keinen Astrologen aufsuchen mag, kann sich sein Geburtshoroskop in wenigen Minuten online erstellen lassen (siehe auch S. 108). Wenn du deine genaue Geburtszeit nicht kennst, reichen das Datum und der Geburtsort zum Erstellen einer ersten, groben Vorlage.

Denke daran, dass in der Astrologie nichts per se gut oder schlecht ist, wie es auch keine expliziten Zeitangaben oder Vorhersagen gibt: Es ist alles eher eine Frage der Einflüsse und wie sich diese positiv oder negativ auswirken könnten. Und wenn wir eine gewisse Einsicht haben und Instrumente, mit denen wir uns unseren Umständen und unserer Umgebung annähern, sie sehen oder interpretieren können, gibt uns das etwas an die Hand, mit dem wir arbeiten können.

Wenn du dein Geburtshoroskop liest, hilft es, zunächst die Mittel der Astrologie zu betrachten, die dir zur Verfügung stehen. Dazu gehören nicht nur die zwölf Zeichen und das, was sie symbolisieren, sondern auch die zehn Planeten, mit denen die Astrologie arbeitet, und deren Eigenschaften sowie die zwölf Häuser und ihre Bedeutung. Einzeln sind diese Instrumente nur von flüchtigem Interesse, aber wenn man anfängt zu sehen, wie sie eventuell nebeneinanderstehen, wird das größere Ganze zugänglicher und man beginnt, Einsichten zu gewinnen, die nützlich sein können.

Allgemein steht jeder Planet für eine andere Energie. Die astrologischen Zeichen schlagen die Art und Weise vor, in denen sich diese Energien ausdrücken können, und die Häuser stellen Erfahrungsfelder dar, in denen dieser Ausdruck wirksam werden kann.

Als Nächstes kommen die Positionen der Zeichen an vier Schlüsselstellen ins Bild: der Aszendent und sein Gegenüber, der Deszendent; die Himmelsmitte (lat.: *Medium coeli*, kurz MC) und ihr Gegenüber, das *Imum coeli* (IC); dazu die Aspekte, die durch Gruppierungen von Zeichen und Planeten entstehen.

Jetzt kannst du sehen, wie hintergründig das Lesen eines Horoskops sein kann, wie unendlich in seiner Vielfalt und überaus individuell. Mit diesem Wissen und einem praktischen Verständnis für die Symbolik und die Einflüsse der Zeichen, Planeten und Häuser deines Profils kannst du beginnen, diese Instrumente als Hilfe bei Entscheidungen und anderen Lebensaspekten heranzuziehen.

Das Horoskop lesen

In deinem von Hand oder per Onlineprogramm angefertigten Geburtshoroskop siehst du einen Kreis, unterteilt in zwölf Segmente. An verschiedenen Punkten sind Informationen gebündelt. Sie geben die Position jedes Tierkreiszeichens an, in welchem Segment es steht und auf wie viel Grad. Unabhängig von den personenspezifisch relevanten Merkmalen ist jedes Horoskop nach dem gleichen Muster aufgebaut, wenn es um die Auslegung geht.

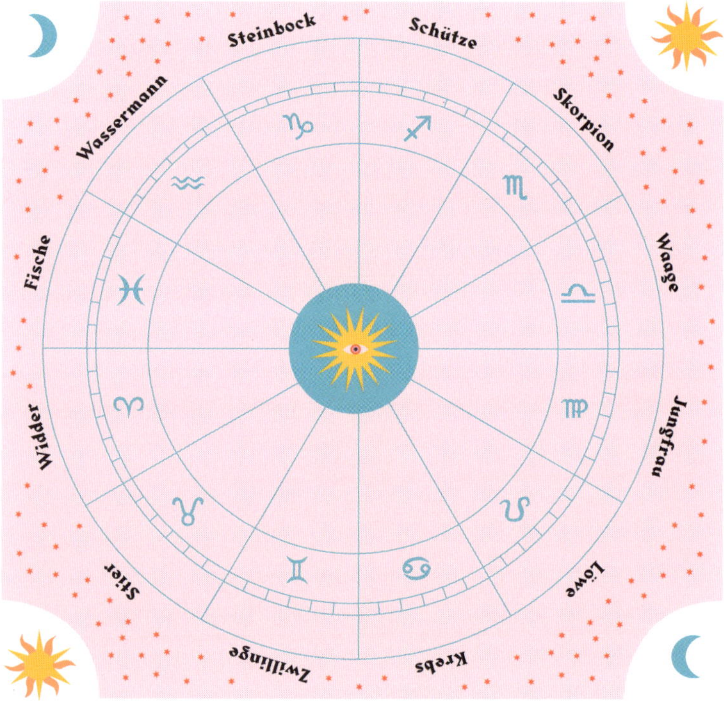

Auf Grundlage von Geburtszeit, Geburtsort und den Planetenkonstellationen zu diesem Zeitpunkt wird das Geburtshoroskop erstellt, auch Radixhoroskop genannt.

Wenn man sich das Horoskop als Ziffernblatt vorstellt, beginnt das erste Haus (siehe S. 95–99) an der 9. Von diesem Punkt aus wird das Horoskop gegen den Uhrzeigersinn durch alle zwölf Kreissegmente hindurch bis zum zwölften Haus gelesen.

Der Anfangspunkt, die 9, ist auch der Punkt, in dem die Sonne bei deiner Geburt aufging. Dies zeigt dir deinen Aszendenten, dein aufsteigendes Zeichen. Gegenüber, an der 3 des Ziffernblatts, liegt dein absteigendes Zeichen, der Deszendent. Deine Himmelsmitte, das MC, liegt auf der 12, ihr Gegenüber, das IC, auf der 6 (siehe S. 101–102).

Wenn wir die Bedeutung der Eigenschaften der astrologischen Zeichen und Planeten, ihre jeweiligen Energien und Positionen sowie die Aspekte zwischen ihnen verstehen, kann dies helfen, uns selbst und die Beziehung zu anderen zu begreifen. Auch im täglichen Leben hilft astrologisches Grundwissen, die wechselnden Planetenkonfigurationen und ihre Auswirkungen besser einzuordnen, genau wie die wiederkehrenden Muster, durch die Chancen und Möglichkeiten mal verringert und mal vermehrt werden können. Mit diesen Einflüssen zu leben und nicht gegen sie, kann das Leben leichter und letztlich auch erfüllter machen.

Der Mond-effekt

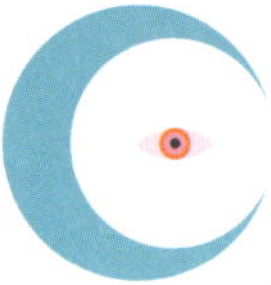

Wenn dein Sonnenzeichen dein Bewusstsein, deine Lebenskraft und deinen individuellen Willen symbolisiert, dann steht der Mond für die Seite deiner Persönlichkeit, die du eher geheim oder versteckt hältst. Er ist das Reich des Instinkts, der Intuition, der Kreativität und des Unbewussten, das dich emotional an neue, manchmal nur schwer zu verstehende Orte führt. Dieser Effekt verleiht einer Person Feinheiten und Nuancen, weit über ihr Sonnenzeichen hinaus. So magst du deine Sonne im Skorpion haben, mit allem, was das bedeutet, doch gleicht ihn vielleicht ein stark praktisch orientierter und geerdeter Mond im Stier aus. Oder du hast deine Sonne im offenherzigen Löwen, aber den Mond im Wassermann, mit all seiner rebellischen, emotionalen Distanziertheit.

Die Mondphasen

Der Mond kreist in rund 28 Tagen um die Erde. Wie viel wir von ihm sehen, hängt davon ab, wie viel Sonnenlicht er reflektiert. Dadurch scheint er zu- und abzunehmen. Bei Neumond beleuchtet die Sonne nur ein kleines Stück. Je mehr er zunimmt, desto mehr Licht reflektiert er. Er wird von der Sichel zum zunehmenden Sichelmond und zum ersten Viertel; dann zum zunehmenden Dreiviertelmond und zum Vollmond. Danach nimmt er ab, erst zum abnehmenden Dreiviertelmond, dann zum letzten Viertel. Der Zyklus beginnt erneut. All dies geschieht in einem Zeitraum von vier Wochen. In manchen Kalendermonaten gibt es sogar zwei Vollmonde – *Blue Moon* heißt der zweite im Englischen.

Der Mond bewegt sich jeden Monat auch durch ein neues Tierkreiszeichen, wie wir von unserem Geburtshoroskop wissen. Auch dies bringt uns Informationen: Ein Mond im Skorpion kann ganz anders wirken als ein Steinbock-Mond und je nach dem persönlichem Horoskop kann dies monatlich einen wechselnden Einfluss haben. Wenn in deinem Geburtshoroskop der Mond zum Beispiel in der Jungfrau steht, wird der tatsächliche Mond einen zusätzlichen Einfluss bringen, wenn er in die Jungfrau wandert. Weitere Informationen hierzu findest du auf den Seiten zu den Tierkreiszeichen (siehe S. 12–17).

Der Mondzyklus hat einen energetischen Effekt, den man gut an den Gezeiten erkennen kann. Da der Mond ein Fruchtbarkeitssymbol ist und für unsere tiefere, psychologische Seite steht, können wir dies aus astrologischer Sicht nutzen, um uns eingehender und kreativer auf die Lebensaspekte zu konzentrieren, die uns wichtig sind.

Eklipsen

Allgemein gesagt verschleiert eine Eklipse (Finsternis) Situationen und verhindert, dass Licht auf sie fällt. Astrologisch gesehen ist hierbei wichtig, wo Sonne oder Mond zum Zeitpunkt der Eklipse im Verhältnis zu anderen Planeten stehen. So wird eine Sonnenfinsternis in den Zwillingen einen Zwillinge-Einfluss mit sich bringen oder Zwillinge beeinflussen.

Wenn ein Lebensbereich versteckt oder ins Licht gerückt wird, ist dies eine Einladung, ihm Aufmerksamkeit zu schenken. Bei Eklipsen geht es im Allgemeinen um den Anfang oder das Ende einer Sache. Früher hielt man sie für Omen, wichtige Zeichen, die man beachten musste. Da man Eklipsen berechnen kann, werden sie astronomisch kartiert. Ihre astrologische Bedeutung kann somit im Voraus eingeschätzt werden und man kann deshalb auch im Voraus darauf reagieren.

Die zehn Planeten

In der Astrologie sprechen wir von zehn Planeten (allerdings nicht in der Astronomie, da die Sonne eigentlich ein Stern ist). Jedem Sternzeichen ist ein Herrscherplanet zugeordnet; Merkur, Venus und Mars regieren je zwei Zeichen. Die Eigenschaften der Planeten beschreiben diejenigen Einflüsse, die auf die Zeichen wirken können. Die Gesamtheit dieses Wissens fließt in die Auslegung eines Geburtshoroskops ein.

Sonne

Verkörpert das Männliche. Sie gilt als lebensentfachende Energie, was auf eine väterliche Energie im Geburtshoroskop hindeutet. Die Sonne symbolisiert unser Selbst oder unseren Wesenskern und unsere Bestimmung.

Herrscher von Löwe

Mond

Dieses Zeichen formt ein Gegenprinzip zur Sonne und bildet ein Paar mit ihr. Er verkörpert das Weibliche und steht für Geborgenheit und Empfänglichkeit und dafür, wie wir instinktiv und gefühlsmäßig reagieren.

Herrscher von Krebs

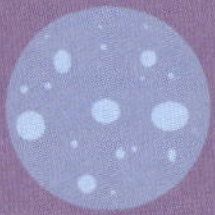

Merkur

Der Planet der Kommunikation. Symbolisiert den Drang, die Gedanken durch Worte zu verstehen und mitzuteilen.

Herrscher von Zwillinge und Jungfrau

Venus

Der Planet der Liebe. Hier geht es um Anziehung, Verbundenheit und Lust. Im Horoskop einer Frau symbolisiert er ihren weiblichen Stil, im Horoskop eines Mannes seine*n ideale*n Partner*in.

Herrscher von Stier und Waage

Mars

Dieser Planet symbolisiert Energie pur (Mars ist der Gott des Krieges), zeigt aber auch, in welchen Bereichen wir am ehesten durchsetzungsfähig, aggressiv oder risikobereit sind.

Herrscher von Widder und Skorpion

Saturn

Wird manchmal der weise Lehrer oder Lehrmeister der Astrologie genannt. Er symbolisiert gelernte Lektionen und Grenzen und zeigt uns den Wert von Entschlossenheit, Zähigkeit und Widerstandsfähigkeit.

Herrscher von Steinbock

Jupiter

Der größte Planet unseres Sonnensystems. Symbolisiert Freigebigkeit und Wohltätigkeit, alles, was expansiv und heiter ist. Wie bei dem Zeichen, über das er herrscht, geht es auch darum, sich auf Reisen und Erkundungen von zu Hause wegzubewegen.

Herrscher von Schütze

Uranus

Symbolisiert das Unerwartete, neue Ideen und Innovation; den Drang, das Alte niederzureißen und das Neue einzuführen. Der Nachteil kann eine Unfähigkeit sein, sich einzufügen, und somit das Gefühl, ein Außenseiter zu sein.

Herrscher von Wassermann

Pluto

Dem Hades (lat.: *Pluto*), Gott der Unterwelt oder Toten, zugeordnet, übt dieser Planet eine mächtige Kraft aus, die unter der Oberfläche liegt und die in ihrer negativsten Ausprägung für Obsessionen und zwanghaftes Verhalten stehen kann.

Herrscher von Skorpion

Neptun

Mit dem Meer verbunden, steht er für die unterhalb liegenden Dinge, unter Wasser und zu tief, um klar erkannt zu werden. Sensibel, intuitiv und künstlerisch, symbolisiert er die Fähigkeit, bedingungslos zu lieben, zu verzeihen und zu vergessen.

Herrscher von Fische

Die vier Elemente

Die Unterteilung der zwölf Sternzeichen in die Elemente Erde, Feuer, Luft und Wasser liefert noch weitere Eigenschaften. Sie wurzelt in der altgriechischen Medizin, die lehrte, dass der Körper aus vier Körperflüssigkeiten oder „-säften" bestand: Blut, gelbe und schwarze Gallenflüssigkeit sowie Schleim. Sie entsprachen den vier Temperamenten sanguinisch, melancholisch, cholerisch und phlegmatisch, den vier Jahreszeiten Frühling, Sommer, Herbst und Winter und den vier Elementen Luft, Feuer, Erde und Wasser.

In der Astrologie beschreiben diese symbolischen Eigenschaften weitere Aspekte der unterschiedlichen Zeichen. C. G. Jung verwendete sie in seiner Psychologie und noch heute bezeichnen wir Menschen in ihrer Lebenseinstellung zum Beispiel als feurig oder luftig oder sagen, sie seien „in ihrem Element". In der Astrologie heißt es, dass Sonnenzeichen des gleichen Elements eine Affinität oder ein Verständnis füreinander haben.

Wie immer in der Astrologie gibt es hierbei Positives und Negatives. Das Wissen um eine „Schattenseite" kann in Bezug auf die Selbsterkenntnis hilfreich sein und auf das, was man vielleicht verbessern oder ausgleichen sollte, besonders im Umgang mit anderen.

Luft

ZWILLINGE ✱ WAAGE ✱ WASSERMANN

Diese Zeichen glänzen im Reich der Ideen. Scharfsinnig und visionär, dabei in der Lage, das große Ganze zu sehen, haben Luftzeichen eine reflektierende Qualität, die Situationen entspannen kann. Zu viel Luft kann Absichten zerstreuen, was Zwillinge unentschlossen machen, die Waage zum Zaudern bringen und den Wassermann teilnahmslos erscheinen lassen kann.

Feuer

WIDDER ✱ LÖWE ✱ SCHÜTZE

Diese Zeichen umgibt Wärme und Energie, eine positive Herangehensweise, Spontaneität und Enthusiasmus, die andere sehr inspirieren und motivieren kann. Nachteilig kann sein, dass der Widder sich gern kopfüber in Sachen stürzt, der Löwe viel Aufmerksamkeit braucht und der Schütze viel redet, aber nichts liefert.

Erde

STIER ✱ JUNGFRAU ✱ STEINBOCK

Typischerweise genießen Erdzeichen sinnliche Freuden, Essen und andere körperliche Befriedigungen. Sie fühlen sich gern geerdet und lassen Taten für ihre Ideen sprechen. Der Nachteil ist, dass Stier-Geborene dickköpfig sein können, Jungfrauen pingelig und Steinböcke verbissen konservativ.

Wasser

KREBS ✱ SKORPION ✱ FISCHE

Wasserzeichen sind sehr reaktionsfreudig, wie die Gezeiten mit Ebbe und Flut, dazu aufmerksam und intuitiv – manchmal sogar über die Maßen, wegen ihrer besonderen Fähigkeit zu fühlen. Der Nachteil ist eine Tendenz, sich überfordert zu fühlen. Dies kann den Krebs so hartnäckig wie selbstschützend werden lassen, Fische wechselhaft in ihrer Aufmerksamkeit und den Skorpion unberechenbar und intensiv.

Kardinale, fixe und veränderliche Zeichen

Zusätzlich zur Unterteilung in die vier Elemente sind die Sternzeichen auch noch auf drei andere Arten gruppiert, die verdeutlichen, wie ihre Energien agieren oder reagieren können. Dies verleiht ihren besonderen Eigenschaften weitere Tiefe.

Kardinal

WIDDER ✸ KREBS ✸ WAAGE ✸ STEINBOCK

Kardinalzeichen sind aktive Zeichen mit der Energie, die Initiative zu ergreifen und Dinge in Gang zu setzen. Der Widder hat die Vision, der Krebs die Gefühle, die Waage die Kontakte und der Steinbock die Strategie.

Fix

STIER ✱ LÖWE ✱ SKORPION ✱ WASSERMANN

Langsamer, aber entschlossener arbeiten diese Zeichen, um voranzukommen; sie halten das am Laufen, was die kardinalen Zeichen initiiert haben. Der Stier bietet körperlichen Komfort, der Löwe Loyalität, der Skorpion emotionale Unterstützung und der Wassermann guten Rat. Auf fixe Zeichen ist Verlass, doch haben sie die Tendenz, sich gegen Veränderungen zu wehren.

Veränderlich

ZWILLINGE ✱ JUNGFRAU ✱ SCHÜTZE ✱ FISCHE

Anpassungsfähig und neuen Ideen, Orten und Menschen gegenüber aufgeschlossen, können sich veränderliche Zeichen leicht auf ihre Umgebung einstellen. Zwillinge sind geistig beweglich, die Jungfrau praktisch und vielseitig. Der Schütze visualisiert Möglichkeiten und die Fische sind empfänglich für Wandel.

Die zwölf Häuser

Das Geburtshoroskop ist in zwöf Häuser unterteilt, die für unterschiedliche Lebensbereiche und -funktionen stehen. Wenn man dir sagt, dass du ein Zeichen in einem bestimmten Haus hast – zum Beispiel die Waage (Gleichgewicht) im fünften Haus (Kreativität und Sexualität) –, kannst du diese Einflüsse interpretieren im Hinblick auf ganz spezifische Hinweise dafür, wie du einen Aspekt deines Lebens angehen könntest.

Jedes Haus ist mit einem Sonnenzeichen, seinem „natürlichen Herrscher", verknüpft und wird so durch Eigenschaften dieses Zeichens repräsentiert.

Drei der Häuser gelten als mystisch und beziehen sich auf unsere innere, übersinnliche Welt: das vierte (Zuhause), das achte (Tod und Wiedergeburt) und das zwölfte (Geheimnisse).

1. Haus

DAS SELBST

BEHERRSCHT VON WIDDER

Haus deiner Persönlichkeit: dein Selbst, wer du bist und wie du dich darstellst, deine Vorlieben, Abneigungen und Lebenseinstellungen. Es beschreibt auch, wie du dich selbst siehst und was dein Ziel im Leben ist.

2. Haus

BESITZ

BEHERRSCHT VON STIER

Haus deiner Besitztümer. Es zeigt, was dir gehört, einschließlich Geld, wie du dein Einkommen verdienst; deine materielle Sicherheit und die reellen Dinge, die dich auf deinem Lebensweg begleiten.

3. Haus

KOMMUNIKATION

BEHERRSCHT VON ZWILLINGE

In diesem Haus geht es um Kommunikation und Geisteshaltung, vor allem darum, wie du dich ausdrückst. Es beschreibt auch deine Beziehung zu deiner Familie, deinen Weg in der Schule oder im Beruf und wie du denkst, sprichst, schreibst und lernst.

4. Haus

ZUHAUSE

BEHERRSCHT VON KREBS

Haus deiner Wurzeln und deines Zuhauses, jetzt, früher und in Zukunft. Es umfasst daher deine Kindheit und die derzeitige häusliche Situation. Es beschreibt auch, was dir dein Zuhause und Sicherheit bedeuten.

5. Haus

KREATIVITÄT

BEHERRSCHT VON LÖWE

Haus von Kreativität, Spiel und Sexualität. Erlaubt auch Rückschlüsse auf Schaffensdrang und Libido in allen Ausprägungen. Es beschreibt außerdem Finanz- und Liebesspekulationen, Spiele, Vergnügen und Zuneigung: Herzensangelegenheiten.

6. Haus

GESUNDHEIT

BEHERRSCHT VON JUNGFRAU

Haus der Gesundheit, sowohl körperlich wie psychisch, und wie stabil sie ist. Auch die Menschen, die uns am Herzen liegen, die wir umsorgen oder unterstützen – von Familienmitgliedern bis hin zu Arbeitskollegen.

7. Haus

PARTNERSCHAFT

BEHERRSCHT VON WAAGE

Der Gegenpol des ersten Hauses. Es spiegelt gemeinsame Ziele und enge Partnerschaften, unsere Wahl des*der Lebenspartner*in und wie erfolgreich unsere Beziehungen sein können. Es beschreibt auch Partnerschaften und Feindschaften im Berufsleben.

8. Haus

WIEDERGEBURT

BEHERRSCHT VON SKORPION

Das Haus steht für den Tod als Wiedergeburt oder spirituelle Transformation. Beschreibt auch Vermächtnisse und das, was du an Persönlichkeitsmerkmalen oder materiell erben wirst. Und da Wiedergeburt Sex braucht, geht es in diesem Haus auch um Sex und sexuelle Gefühle.

9. Haus

REISEN

BEHERRSCHT VON SCHÜTZE

Haus der Fernreisen und Entdeckungsfahrten; es geht auch um die Erweiterung des Horizonts, den das Reisen bringen kann, und wie sich dies ausdrückt. Beschreibt das Verbreiten von Ideen, zum Beispiel in literarischen Werken oder Veröffentlichungen.

10. Haus

BERUFUNG

BEHERRSCHT VON STEINBOCK

Repräsentiert das, wonach wir streben, und unseren Satus; wie wir öffentlich angesehen sein wollen (oder nicht), unsere Ambitionen, unser Image und was wir im Leben aus eigener Kraft erreichen wollen.

11. Haus

FREUNDSCHAFTEN

BEHERRSCHT VON WASSERMANN

Haus der Freundesgruppen und Bekannten, Visionen und Ideen. Es geht weniger um unmittelbare Befriedigung, sondern um langfristige Träume und wie diese durch unsere Fähigkeit, harmonisch mit anderen zusammenzuarbeiten, erreicht werden können.

12. Haus

GEHEIMNISSE

BEHERRSCHT VON FISCHE

Gilt als spirituellstes Haus. Das Haus des Unbewussten, der Geheimnisse und dessen, was verborgen ist; die „Leiche im Keller". Spiegelt auch die geheimen Wege, auf denen wir uns selbst sabotieren oder unsere Kräfte kleinhalten, indem wir sie nicht ausschöpfen.

Der Aszendent

Der Aszendent, auch als aufsteigendes Zeichen bekannt, ist das Tierkreiszeichen, das am Tag deiner Geburt am östlichen Horizont erschien, je nachdem, an welchem Ort und zu welcher Zeit dies passierte. Er liefert Informationen über die Aspekte deines Charakters, die sich mehr nach außen hin offenbaren, wie du dich präsentierst und von anderen gesehen wirst.

Die Geburtszeit zu kennen, ist somit ein nützlicher Faktor in der Astrologie. Selbst wenn dein Sonnenzeichen Skorpion ist, kannst du also mit aufsteigendem Krebs mütterlich wirken und dich auf die eine oder andere Weise spürbar für das häusliche Leben engagieren.

Dein Aszendent – oder der anderer Personen – hilft oft auch zu erklären, warum die eigene Persönlichkeit so wenig mit dem Sonnenzeichen zusammenzupassen scheint.

Wenn du deine Geburtszeit und deinen Geburtsort weißt, kannst du deinen Aszendenten problemlos online oder in einer App ausrechnen lassen (siehe S. 108). Frage einfach deine Mutter oder andere Familienmitglieder danach. Manchmal steht die Geburtszeit auch in der Geburtsurkunde. Wenn du dir das Horoskop als Ziffernblatt vorstellst, ist der Aszendent auf der Neun-Uhr-Position zu sehen.

Der Deszendent

Der Deszendent weist auf einen möglichen Lebenspartner hin, basierend auf der Vorstellung, dass Gegensätze sich anziehen. Wenn du deinen Aszendenten kennst, ist der Deszendent leicht zu berechnen, da er genau sechs Zeichen entfernt ist: Bei einem Jungfrau-Aszendenten wäre der Deszendent also Fische. Wenn du dir das Horoskop als Ziffernblatt vorstellst, ist der Deszendent auf der Drei-Uhr-Position zu sehen.

Die Himmelsmitte (MC)

Auf deinem Geburtshoroskop ist auch die Himmelsmitte eingezeichnet (MC, von lat.: *Medium coeli*). Sie weist auf deine Einstellung zu Arbeit, Beruf und beruflichem Ansehen hin. Wenn du dir das Horoskop als Ziffernblatt vorstellst, ist das MC auf der Zwölf-Uhr-Position eingezeichnet.

Die Himmelstiefe (IC)

Dann gibt es noch das IC in deinem Horoskop (von lat.: *Imum coeli*, „Himmelstiefe“). Es weist auf deine Haltung gegenüber deinem Zuhause und deiner Familie hin und hat auch einen Bezug zum Ende deines Lebens. Das IC ist sechs Zeichen vom MC entfernt. Wenn dein MC Wassermann ist, ist dein IC Löwe. Wenn du dir das Horoskop als Ziffernblatt vorstellst, ist das IC auf der Sechs-Uhr-Position eingezeichnet.

Rückläufiger Saturn

Saturn ist einer der langsamsten Planeten: Er braucht 28 Jahre, um einmal um die Sonne zu kreisen und an den Punkt zurückzukehren, an dem er zum Zeitpunkt deiner Geburt stand. Diese Rückkehr kann sich über zwei bis drei Jahre erstrecken und macht sich oft in den Zeiten um deinen 30. und 60. Geburtstag stark bemerkbar, die oft als bedeutende „Meilensteine" gelten.

Da die Saturnenergie bisweilen als anstrengend empfunden wird, sind das nicht immer leichte Lebensabschnitte. Saturn gilt als weiser Lehrer oder harter Lehrmeister: Der Saturneffekt wird oft als „zum Glück zwingen" empfunden – so wie viele gute Lehrer argumentieren. Er hält uns wie ein strenger Personal Coach auf der Spur.

Die Saturnrückkehren erlebt jeder Mensch individuell. Sie sind immer eine gute Zeit, Bilanz zu ziehen, Dinge im Leben loszulassen, die einem nicht mehr nutzen, die Erwartungen zu revidieren und ohne Ausreden das im Leben aufzunehmen, von dem man gern mehr hätte. Wenn du also dieses Lebensereignis gerade erlebst oder erwartest, solltest du es begrüßen und damit arbeiten. Denn was du jetzt lernst – vor allem über dich selbst –, ist wissenswert, so turbulent es auch sein mag. Es kann sich für die nächsten 28 Jahre lohnen!

Rückläufiger Merkur

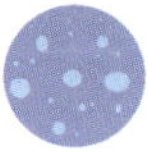

Selbst Menschen mit wenig Interesse an Astrologie bemerken es oft, wenn der Planet Merkur rückläufig ist. Als „Rückläufigkeit“ bezeichnet man Zeiten, in denen Planeten wie der Merkur stationär sind, aber sich in die Gegenrichtung zu bewegen scheinen, weil die Erde sich weiterdreht. Vorher und nachher kommt es zu einer „Schattenperiode“, die auch etwas turbulent sein kann. Der Planet scheint dabei erst langsamer und dann wieder schneller zu werden. Generell ist es ratsam, während der Rückläufigkeit keine wichtigen Schritte in Bezug auf Kommunikation zu unternehmen. Und wenn doch, sollte man im Kopf haben, dass sie sich später wieder ändern können.

Da Merkur der Planet der Kommunikation ist, zeigt sich schnell, warum seine Rückläufigkeit und ihre Verbindung mit Kommunikationsfehlern problematisch ist: zum Beispiel auf altmodische Weise, wenn ein Brief in der Post verloren geht, oder moderner, wenn der Computer abstürzt.

Ein rückläufiger Merkur kann auch das Reisen beeinträchtigen und es gibt Flug- oder Zugverspätungen, Staus oder Unfälle.

Dazu beeinflusst er die persönliche Kommunikation: Hören, Sprechen, (Nicht-)Gehört-Werden. Dies kann Durcheinander oder Streit verursachen. Er kann sich auch auf formellere Vereinbarungen wie Kaufverträge auswirken.

Merkur ist drei- bis viermal pro Jahr über etwa drei Wochen rückläufig, mit Schattenperioden vorher und nachher. Die Zeitrahmen seiner Rückläufigkeiten bedeuten auch, dass sie in einem bestimmen Sternzeichen passieren. Wenn er zum Beispiel zwischen 25. Oktober und 15. November rückläufig wäre, würde sein Effekt Skorpion-Eigenschaften haben. Auch Menschen mit Skorpion-Sonne oder einem starken Skorpion-Aspekt in ihrem Geburtshoroskop könnten stärker betroffen sein.

Die Termine, zu denen der Merkur rückläufig ist, findet man online, in astrologischen Tabellen oder Ephemeriden. Hier kann man sehen, ob man diese Zeiten für die Planung von Ereignissen meiden sollte, da sie potenziell betroffen sein könnten. Um festzustellen, wie der rückläufige Merkur dich persönlich angehen könnte, musst du dein Geburtshoroskop kennen und dessen spezifischere Kombinationen aus Zeichen- und Planeteneinflüssen.

Wenn du leichter durch einen rückläufigen Merkur kommen willst, sollte dir bewusst sein, dass Pannen passieren können. Rechne also mit Verzögerungen und überprüfe Details lieber doppelt. Bleibe angesichts von Verzögerungen positiv gestimmt und nimm solche Zeiten als Chance für Entschleunigung. Blicke zurück oder überdenke Ideen in Beruf oder Privatleben. Nutze die Zeit, um Fehler zu korrigieren oder Pläne umzugestalten, damit du vorbereitet bist, wenn sich die festgefahrene Energie erneut bewegt und du wieder fließender vorankommst.

Lesetipps

Die zwölf Archetypen: Tierkreiszeichen und Persönlichkeitsstruktur (2011) von Brigitte Hamann; erschienen bei KnaurMensSana

Astrologie für Dummies (2020) von Rae Orion; erschienen bei Wiley-VCH Verlag GmbH & Co. KGaA

Astrologie für den Alltag (2021) von Carole Taylor; erschienen bei DK Verlag Dorling Kindersley

Das Astrologiebuch (2004) von Michael Roscher; erschienen im bei Chiron

Webseiten

astro.com

astrologyzone.com

jessicaadams.com

shelleyvonstrunkel.com

Apps

Astrostyle

Co-Star

Susan Miller's Astrology Zone

The Daily Horoscope

The Pattern

Time Passages

Danksagung

Mein besonderer Dank geht an mein treues Stier-Team. Zuerst an Kate Pollard, Publishing Director bei Hardie Grant: für ihre Leidenschaft für schöne Bücher und für die Beauftragung dieser Reihe. An Bex Fitzsimons für ihr gutlauniges, gründliches Redigieren. Und schließlich an Evi O. Studio, deren Illustrationen und Design kleine Kunstwerke entstehen ließen. Mit einer solchen „Sternenbesetzung“ können diese Bücher nur glänzen – dafür sage ich Danke!

Über die Autorin

Stella Andromeda arbeitet seit über 30 Jahren als Astrologin. Sie ist davon überzeugt, dass die Kenntnis der Himmelskonstellationen und deren Potenzials psychologischen Interpretationen ein wertvolles Instrument bieten kann. Die Vermittlung ihres Wissens in dieser Buchform macht moderne Erkenntnisse über uralte astrologische Weisheiten leicht zugänglich und begeistert für Stella Andromedas Haltung, dass Reflexion und Selbsterkenntnis uns im Leben nur stärker machen. Mit ihrem Sonnenzeichen Stier, dem Aszendenten im Wassermann und einem Mond im Krebs lässt sie sich auf ihrer astrologischen Reise von Erde, Luft und Wasser inspirieren.

Text © Stella Andromeda
Illustrationen © Evi O. Studio

Für die deutsche Ausgabe:
Satz und Redaktion: bookwise GmbH
Übersetzung: Martina Walter
Gesamtherstellung: Leo Paper Products Ltd.

Aus Verantwortung für die Umwelt hat sich die Verlagsgruppe Droemer Knaur zu einer nachhaltigen Buchproduktion verpflichtet. Der bewusste Umgang mit unseren Ressourcen, der Schutz unseres Klimas und der Natur gehören zu unseren obersten Unternehmenszielen. Gemeinsam mit unseren Partnern und Lieferanten setzen wir uns für eine klimaneutrale Buchproduktion ein, die den Erwerb von Klimazertifikaten zur Kompensation des CO2-Ausstoßes einschließt. Weitere Informationen finden Sie unter: www.klimaneutralerverlag.de

Skorpion
ISBN 978-3-8485-0091-8
Ursprünglich veröffentlicht unter dem Titel: Scorpio

www.groh.de

FSC www.fsc.org
MIX
Paper from responsible sources
FSC™ C020056

1 2 3 4 5